Made in the USA
San Bernardino, CA
22 July 2020

75892421R00076